AF369926

†

J. M. J.

—

PANÉGYRIQUE

Prononcé dans la Chapelle de l'Hôtel-Dieu

DE DOUAI

LE JEUDI 16 OCTOBRE 1890

EN L'HONNEUR DU BIENHEUREUX MARTYR

JEAN-GABRIEL PERBOYRE,

LAZARISTE

Par l'abbé EDMOND JASPAR

Chanoine honoraire

Doyen de Saint-Jacques

DOUAI

LOUIS DECHRISTÉ PÈRE, IMPRIMEUR BREVETÉ

RUE JEAN-DE-BOLOGNE

— 1890 —

A la chère Sœur d'AUSSAC

Supérieure de l'Hôtel-Dieu

ET AUX DEUX COMMUNAUTÉS DE FILLES DE LA CHARITÉ

DE LA PAROISSE SAINT-JACQUES

UN PASTEUR RECONNAISSANT ET DÉVOUÉ

LE BIENHEUREUX JEAN-GABRIEL PERBOYRE, Lazariste

MARTYRISÉ LE 11 SEPTEMBRE 1840

Béatifié solennellement le 10 novembre, par Sa Sainteté le Pape Léon XIII,

(Gravure de M. Napier. — Phot. Pierre Petit).

PANÉGYRIQUE

en l'honneur du Bienheureux Martyr

JEAN-GABRIEL PERBOYRE

Lazariste

---

*Quos præscivit et prædestinavit conformes
fieri imaginis Filii sui.*

Ceux en qui Dieu voit de futurs élus, il
les prépare à devenir des copies vivantes
de son Fils.   (ROM. VIII, 29.)

MES BIEN CHERS FRÈRES,

Ces lumineuses paroles de l'apôtre saint
Paul se lisaient, le 10 novembre dernier, en
grandes lettres d'or sur la frise de la vaste
salle (1) de la Basilique de Saint-Pierre, à Rome,
où l'on célébrait la cérémonie de la Béatification du Vénérable confesseur de la foi Jean-
Gabriel PERBOYRE, religieux lazariste, repré-
senté, en ce moment, dans cette enceinte par
la statue si expressive que vous avez sous les

---

(1) C'est la salle dite de *la Loggia*, à cause du *balcon cou-*
vert du haut duquel, en des temps meilleurs, le Souverain
Pontife donnait, deux fois l'année, sa bénédiction solennelle à
la Ville et au Monde, *Urbi et Orbi.*
Cette salle, convertie en chapelle lors des Béatifications et
Canonisations, occupe la partie supérieure du portique de Saint-
Pierre et mesure, comme lui, 71 mètres de largeur sur 13
mètres 50 de profondeur.

yeux, et par une précieuse relique à laquelle vous viendrez tout à l'heure apporter votre hommage.

De fait, mes Frères, rien ne caractérise mieux que cette inscription le héros dont nous solennisons le triomphe. Car enfin, si *la vie entière du Christ*, modèle de tous les prédestinés passés, présents et à venir, *ne fut*, selon le mot de l'Imitation (1), *qu'une croix et un martyre continuels* ; si, de plus, le Sauveur a déclaré lui-même que *quiconque n'accepte pas sa croix et ne marche pas à sa suite n'est pas digne de Lui* (2), à quel sommet de mérite et de gloire ne devait pas monter le généreux missionnaire dont la vie et la mort semblent avoir été tellement calquées sur celles de l'Homme-Dieu qu'on est tenté de se demander, en les racontant, si l'on parle du Maître ou du disciple ?

Un tel sujet, mes Frères, vous convient à tous, car soit que je m'adresse aux auditeurs étrangers à cette hospitalière maison ; soit que ma pensée se porte sur tous ceux qu'une infirmité quelconque a conduits à l'Hôtel-Dieu ; soit que je considère leurs pieuses garde-malades,

(1) Liv. II, chap. XII.

(2) Math. X, 38.

ces dignes filles de saint Vincent de Paul, qui ont l'honneur d'être, en Religion, les sœurs du Bienheureux dont je me propose de retracer brièvement les vertus ; tous, vous avez été chargés de votre croix : croix de la tribulation, croix de l'épreuve, croix de la souffrance ; et, tous, vous devez apprendre à la porter méritoirement pour ressembler, vous aussi, à Jésus-Christ. C'est la leçon qui ressortira, je l'espère, de ce panégyrique du Bienheureux Jean-Gabriel Perboyre, prêtre de la Congrégation de la Mission, martyrisé en Chine le 11 septembre 1840, — il y a eu, le mois dernier, cinquante ans.

Demandons, je vous prie, par l'intercession de Notre-Dame du Saint-Rosaire, que mes paroles puissent vous être profitables, et, à cette intention, récitons ensemble un *Ave Maria*.

I.

Notre Bienheureux naquit, en la Fête de l'Epiphanie de l'an 1802, au Puech, petit hameau du village de Montgesty, près Cahors. Il eut l'inappréciable avantage d'appartenir à des parents plus favorisés des biens du Ciel que de ceux de la terre, puisque six de leurs huit enfants, avides de perfection, voulurent entrer en communauté : trois de ces derniers, un Lazariste et deux Sœurs de Charité sont encore de ce monde et ont eu la joie d'être témoins, il y a un an, de la Béatification de leur illustre frère.

Dès son plus bas âge, Jean-Gabriel fut un enfant de bénédiction déjà si semblable à son divin Modèle que ses camarades l'avaient surnommé « *le petit Jésus.* » Soumis à ses parents comme à ses maîtres, simple, laborieux, ami du silence et de l'obscurité, doux et humble de cœur, il croissait en sagesse en même temps qu'en âge, n'aimait rien tant que la prière et le tabernacle et montrait de toutes manières que Dieu l'appelait à l'état ecclésiastique.

Vous devinez s'il redoubla d'efforts pour répondre à cette insigne grâce, lorsqu'il se vit admis au Petit-Séminaire de Montauban. Epris surtout des charmes angéliques de la pureté et ne cessant d'en chercher l'aliment et la sauvegarde dans le recueillement, la mortification et le travail, il ne tarda point à surpasser tous ses condisciples en vertu comme en savoir, achevant ainsi, suivant l'expression de saint Paul, *de former en lui le Christ* (1), dont il

____

(1) Galat. IV, 19.

aspirait à devenir le ministre. Il était, à la fin
de ses études, un jeune homme si accompli,
qu'il mérita de se voir appliquer le jugement
porté jadis sur saint Bonaventure par un des
maîtres du séraphique docteur (1) : « On
dirait qu'il n'a pas péché en Adam! » *In quo
Adam peccasse non videtur.*

Le voilà prêtre, en 1825, et successivement
professeur de séminaire, supérieur de collège,
maître des novices à Montdidier, à Saint-Flour,
à Paris. Désormais, la traînée lumineuse qu'il
projette en s'avançant dans le chemin de la
perfection ira s'élargissant toujours, jusqu'à ce
qu'elle se perde dans l'éblouissante clarté de
la gloire (2).

Il sait, du reste, que ce qui fait les saints ce
ne sont pas les soubresauts passagers par les-
quels une âme s'élève, pour un moment, au-
dessus d'elle-même : ce sont les efforts cons-
tants, opiniâtres pour ne jamais déchoir. Pour
cela, il se tient prêt à n'importe quelle œuvre
bonne que les circonstances lui désignent, *ad
omne opus bonum paratum* (3), et il s'ingénie
à bien faire tout ce qu'il fait, *age quod agis,* ce

(1) Alexandre de Halès.
(2) Prov. IV, 18.
(3) Tit. III. 1.

qui ne l'empêche pas de dire modestement, en songeant à son futur apostolat : « Je ne serai pas plus un homme de merveilles en Chine qu'en France ; c'est assez si je puis être un bon petit *trotte-menu.* »

Je viens de nommer la Chine : c'est qu'en effet l'évangélisation de cet immense pays fut, on peut le dire, l'idée fixe du Bienheureux Perboyre, dans l'espoir, secrètement caressé, d'y mourir martyr pour son Dieu. Son frère Louis avait obtenu de partir avant lui pour ces lointains rivages ; mais à peine allait-il y toucher qu'une sainte mort lui ouvrait le ciel. A dater de ce moment, Jean-Gabriel multiplie les instances pour obtenir d'aller remplacer le jeune soldat tombé, sans coup férir, aux abords du champ de bataille. La Providence intervint visiblement pour le faire aboutir au but désiré, et cette phase de sa vie lui fournit l'occasion de se montrer plus que jamais animé de l'esprit d'abnégation et de renoncement du Sauveur.

Comprenant ce mot mystérieux du divin Maître : « *Celui qui aime son père ou sa mère plus que moi n'est pas digne de moi* (1), » il prélude au suprême sacrifice du départ par des immolations successives. Ainsi il se prive

____

(1) Math. X, 37.

d'aller faire ses adieux à son village natal ; il abrège volontairement les dernières heures qu'il lui est donné de consacrer à ses parents, et il a le courage de dire à sa mère éplorée : « Ma bonne mère, il faut bien nous accoutumer à nous passer l'un de l'autre ; vous savez que le Bon Dieu m'appelle à lui : il faut commencer à savoir nous quitter. » C'est, sous une autre forme, la même réponse que celle de Jésus à Marie : « Ne savez-vous pas que je dois être là où m'appellent les intérêts de mon Père céleste (1) ? » Et cette femme magnanime, bien digne d'un tel fils, s'efforce de dévorer ses larmes, sachant que son pauvre enfant ne parvient à contenir les siennes qu'en marchant, pour ainsi dire, sur son cœur. Mais Dieu allait récompenser, un jour, ce double holocauste maternel et filial par de surprenantes consolations !...

II.

Enfin ! la voilà sonnée, l'heure si impatiemment attendue où il est permis à notre intrépide athlète de mener cette vie apostolique

___

(1) Luc III, 49.

qui, à l'instar de celle du Christ, va se limiter
à trois ans. Il achève de rompre, un à un, au
milieu d'inexprimables angoisses, tous les liens
d'affection qui l'attachent à sa famille, à ses
chers novices de Saint-Lazare, ainsi qu'à ses
anciens élèves, et, le 21 mars 1835, il s'embar-
que au Havre pour la Chine, où il aborde seize
mois après son départ.

Dans les deux provinces de Honan et du
Hou-pé, qu'il évangélisa tour à tour, il n'était
allé chercher que la Croix, dont il avait dit
déjà dans une de ses amplifications de rhéto-
ricien : « Ah! qu'elle est belle, cette Croix plan-
» tée au milieu des terres infidèles, et souvent
» arrosée du sang des apôtres de Jésus-Christ! »
Aussi, non content de toutes les privations
inséparables de son état de missionnaire, il
châtie son corps et le réduit en servitude (1)
en l'emprisonnant dans un rude cilice et en le
ceignant d'une chaîne de fer hérissée d'aiguil-
lons. Il n'habite qu'une masure ouverte à toutes
les intempéries du climat, ne se nourrit que
d'herbes cuites à l'eau, ne dort que sur des
branchages desséchés, se flagelle jusqu'au sang
et voit encore s'ajouter à toutes ses souffrances

(1) I Cor. IX. 27.

volontaires une longue et affreuse tentation de scrupule qui lui persuade que, quoi qu'il fasse, il sera damné. Véritable agonie morale par laquelle débute la passion qu'il va subir et qui ressemblera trait pour trait à la passion du Fils de Dieu. Et de même que le Sauveur endura la sienne pour les péchés des hommes, de même notre Bienheureux se soumit à ces tortures pour expier dans sa chair innocente tant d'abominations commises par des chrétiens oublieux des engagements de leur baptême et de leur première communion. Qui sait même si, parmi ceux qui m'écoutent, il n'en est pas quelques-uns qui, sans les expiations spontanées de ce saint missionnaire, n'auraient point déjà payé leur dette à la justice du Dieu qu'ils ont si criminellement bravé!...

Nous voici arrivés au 15 septembre 1839, jour où se déchaîna la persécution qui allait envelopper notre héros dans la ruine des nouvelles chrétientés chinoises.

Le bienheureux Père Perboyre venait de célébrer sa messe, lorsqu'il se vit cerné par une cohue de satellites vociférant des cris de mort. Vous diriez vraiment, mes Frères, que les scènes douloureuses dont il va être à la fois acteur et victime ont été décrites dix-huit siècles d'avance par les quatre évangélistes, car lui aussi fut trahi par un de ses néophytes pour trente pièces d'argent (1) ; lui aussi ordonna à son serviteur, qui avait dégaîné pour le défendre, de remettre son glaive au fourreau ; lui aussi se laissa garrotter, insulter, souffleter, affubler d'un vêtement de dérision et traîner de prétoires en prétoires devant divers mandarins.

Dieu me garde de heurter votre sensibilité par la description des raffinements d'un supplice qui devait durer un an tout entier ! Qu'il me suffise de vous dire que ce courageux confesseur de la foi passa plus de huit mois enchaîné dans un fétide cloaque où des essaims d'insectes et de vers dévoraient sa chair virginale ; qu'on disloqua ses membres en les étirant sur d'effroyables instruments de torture ; qu'un de ses pieds, immobilisé dans un étau, finit par se gangrener et pourrir ; qu'on lui présenta, comme à Jésus, un breuvage écœurant pour étancher sa soif ; que, néanmoins, on n'entendit jamais une seule plainte s'échapper de ses lèvres et qu'on ne put l'arracher à

---

(1) Trente *taëls* : c'est une monnaie dont la valeur équivaut à 37 grammes d'argent ou d'or au cours moyen du jour où elle est employée.

son inaltérable calme qu'en voulant le con-
traindre de marcher sur un Crucifix. Ajoutons
qu'il s'achemina, lui aussi, vers le théâtre de son
Calvaire au milieu d'un groupe de voleurs con-
damnés à la décapitation ; qu'il lui fallut char-
ger sur ses épaules meurtries l'espèce de croix
où l'on allait le suspendre ; et qu'enfin, lorsqu'il dut y monter, il ne le fit qu'après avoir
remercié Dieu, les genoux en terre, de la grâce
insigne du martyre et avoir pardonné de tout
cœur à ses meurtriers.

Regardez-le, mes Frères, attaché au gibet
sur lequel il va mourir : son corps, naguère
flétri, déformé et tombant en lambeaux, a mi-
raculeusement recouvré sa fraîcheur et son
intégrité premières ; ses traits reflètent la man-
suétude et la sérénité de son âme ; ses bras,
ramenés sur le dos, enlacent la traverse de la
croix ; ses pieds, repliés par derrière, le font
paraître agenouillé...... Soudain, les bourreaux
tordent violemment la corde enroulée autour
de son cou, et, après avoir réitéré jusqu'à trois
fois ce mouvement de torsion destiné à lui faire
déguster toutes les affres de la mort, *ut gustaret
mortem* (1), ils consomment son supplice en

______

(1) Hebr. II. 9.

lui lançant un brutal coup de pied en guise de suprême outrage.... Ce drame se passait le vendredi 11 septembre 1840, à midi : notre Bienheureux n'était âgé que de trente-huit ans !

Au même instant, une grande Croix lumineuse, visible de plusieurs lieues, se dessine dans l'azur du ciel, et, pareils au Centurion du Golgotha, des païens, subitement convertis, se frappent la poitrine et proclament la divinité du « Maître » dont ils viennent de voir expirer le disciple.

Et lorsque, bien des mois plus tard, parvint au hameau natal du glorieux confesseur la nouvelle de son martyre, sa mère, vraiment supérieure à tout éloge, comme celle des Machabées, *Supra modum mater mirabilis* (1), trouva dans sa foi le courage de répondre : « Pourquoi hésiterais-je à faire à Dieu le sacrifice de mon enfant ? La Sainte Vierge n'a-t-elle pas donné le sien pour mon salut ? Je ne croirais pas aimer véritablement mon fils, si j'allais m'affliger d'une mort qui le met au comble de ses vœux ! » . . . .

. . . .

(1) II, Mach. VII, 20.

*
* *

Que pensez-vous, mes Frères, de ces types d'héroïsme ? Ils n'ont fait pourtant que se rappeler, avec tous les saints, que « le royaume des Cieux se prend d'assaut et que, seuls, les vaillants l'escaladent (1). » Quelle différence avec la masse des chrétiens dégénérés d'aujourd'hui ! Loin de savoir, comme le dit saint Paul, *résister jusqu'au sang* aux séductions du mal (2), ils ne conçoivent la vie que saturée d'enivrements et de plaisirs. Tout devoir à remplir leur pèse, tout sacrifice à consommer les révolte, toute lutte à soutenir les décourage : il leur faut, à l'encontre des assertions du divin Maître, métamorphoser en paradis cette terre d'exil, d'épreuve et de larmes, dussent-ils renoncer aux éternelles récompenses qu'ils conquerraient certainement en acceptant ici la Croix. Si ce n'est pas là de l'absurdité et de la folie, où donc y en a-t-il, je vous le demande ?

Grâces à Dieu, Filles de la Charité, vous

(1) Math. XI, 12.
(2) Hebr. XII, 4.

avez mieux compris, vous, le but de cette vie éphémère. A l'exemple du Bienheureux Martyr devenu l'un des célestes protecteurs de votre Congrégation, vous avez préféré à toutes les joies du monde l'immolation de vous-mêmes : croyez-moi, ou plutôt croyez-en la Vérité infaillible, *c'est la meilleure part, qui ne vous sera point ôtée* (1).

Ah ! persévérez courageusement, mes bonnes Sœurs, à vous consacrer au service si pénible, mais si méritoire des malades et des pauvres, comme vous le faites, depuis bientôt quarante ans, dans ma chère paroisse de Saint-Jacques, sous la maternelle direction de la vénérable octogénaire qui a déjà donné à Dieu soixante-trois années de vie religieuse. Soyez bénies, elle et vous, de tout le bien dont vous avez été les instruments ; et puisse votre action s'exercer sans entraves pour être plus féconde encore sur la terre, et vous obtenir d'aller rejoindre au Ciel le glorieux frère en saint Vincent de Paul dont nous avons ensemble célébré le triomphe.

Ainsi soit-il !

(1) Luc. X, 42.

Douai. — Imprimerie L. Dechristé, rue Jean-de-Bologne.